Retour à l'Evangile

J. I. Packer

EUROPRESSE

Editions EUROPRESSE
B.P. 505
71322 Chalon-sur-Saône cédex
France

Europresse-Afrique
B.P. 1911
Gagnoa
Côte d'Ivoire

Première impression en français 1995

ISBN 2 906287 68 7

Les citations de versets bibliques proviennent de la version L. Segond, Nouvelle édition de Genève 1979, Société Biblique de Genève.

Imprimé en France par IMEAF, 26160 La Bégude de Mazenc
Dépôt légal : 4ème trimestre 1995 - N° d'impression 95553

Introduction

En 1684, le célèbre théologien anglais, John Owen, publia un ouvrage intitulé *La mort de la mort dans la mort de Christ*. Dans les pages de ce livre, il examinait en profondeur le sujet central de l'Evangile, à savoir, la rédemption que Christ effectua en mourant sur la croix de Golgotha. Lors de la réédition du livre d'Owen, vers le début des années soixante, on demanda à James Packer, lui-même théologien actuel renommé, d'introduire l'édition moderne de ce livre ancien par un essai. Ce texte d'introduction, adapté pour la situation francophone actuelle, forme le contenu de cette brochure.

L'œuvre de Christ sur la croix revêt une importance capitale dans l'œuvre du salut. Il serait donc étonnant que l'ennemi de Dieu ne cherche pas à la détruire en l'entourant d'erreur. Il semble que le monde chrétien est aujourd'hui tombé dans ce piège du diable. Il est donc tout aussi nécessaire de démasquer et dénoncer l'erreur que d'affirmer la vérité biblique. Packer accomplit cette tâche avec grande lucidité en exposant quelle est la nature de l'Evangile et de sa proclamation.

Nous vivons aujourd'hui en un temps de mollesse, où il ne fait apparemment pas bon avoir de fortes convictions. Nos débats s'avèrent être en réalité souvent des monologues parallèles sans interactions mutuelles, ni beaucoup de rapport avec les questions profondes de la vie et de l'au-delà. Or, l'Evangile a un contenu distinct et précis, donné par Dieu, et non fabriqué par l'homme. Il faut donc déclarer la vérité avec clarté, et cela entraîne régulièrement un débat (vif parfois même) tant notre cœur est tortueux et traître par nature.

L'on peut cependant discerner aujourd'hui l'émergence d'un désir de connaître la théologie de la Bible pour ce qu'elle est vraiment. Plusieurs sont prêts à tester les traditions et les «vaches sacrées» de nos théologies à l'aide de la Parole de Dieu, et à réexaminer les tenants de la foi qui nous a été donnée une fois pour toutes. C'est à ceux-là que cette brochure s'adresse. Que le Dieu unique et trinitaire en soit exalté au sein de cette génération!

Retour à l'Evangile

A-t-on oublié le message de la Bible?

Une des tâches les plus urgentes qui confrontent les chrétiens évangéliques aujourd'hui consiste en un retour à l'Evangile, au message de la Bible. Aussi surprenante cette affirmation soit-elle, l'examen des faits lui confère sa légitimité.

Il est en effet évident que le monde «évangélique» vit dans un état de perplexité et de déstabilisation. En des domaines comme la conduite de l'évangélisation, la sanctification, le développement de la vie de l'église locale, l'exercice pastoral du soin des âmes ou la pratique de la discipline, les signes d'une insatisfaction générale avec le *statu quo* se manifestent. L'incertitude règne aussi en ce qui concerne la voie à suivre.

D'où vient ce malaise? Le phénomène est complexe, et un certain nombre de facteurs y a contribué. On s'aperçoit toutefois que de cette perplexité provient dans son ensemble d'un relâchement de notre attache à l'Evangile biblique. Au cours du siècle dernier, l'on a imperceptiblement échangé cet Evangile contre un produit de substitution, suffisamment semblable dans les points de détail, mais résolument différent dans sa totalité. Nos problèmes viennent de là, car cet article de substitution ne répond pas aux buts pour lesquels le message de la Bible s'est révélé autrefois si puissant. Ce nouvel «évangile» est manifestement incapable de faire naître, avec la qualité voulue, une humilité, une repentance et un respect profonds, ainsi qu'un vrai esprit d'adoration et un intérêt pour l'Eglise.

Quelle en est la raison?

Elle repose en la nature et le contenu de cet autre message, dont la première préoccupation n'est pas de centrer les pensées des hommes sur Dieu, ni de mettre sa crainte dans leur cœur. Ne cherchant pas principalement à faire cela, il n'y parvient pas.

Une manière d'énoncer l'écart entre ce message et l'Evangile de Dieu consiste à dire que le premier se préoccupe trop d'être «utile» à l'homme, de lui apporter paix, satisfaction, bonheur, contentement de soi, et qu'il ne met pas assez l'accent sur la gloire divine. L'Evangile biblique est «utile» à l'homme également, plus en fait que son remplaçant, mais il l'est de façon accessoire, si l'on peut dire, car son objectif premier a toujours été de rendre gloire à Dieu.

Cet Evangile est en essence une proclamation de la souveraineté divine, aussi bien dans l'exercice de la miséricorde qu'en celui du jugement. Il rappelle à l'homme son obligation de se soumettre et d'adorer le Dieu tout-puissant dont il dépend pour tout bien, tant dans le domaine de la nature qu'en celui de la grâce. Dieu est indubitablement au centre.

En revanche, le centre de référence du nouveau message est l'homme. Ceci revient à dire que l'Evangile est *religieux* (qu'il relie à Dieu) d'une manière inconnue au nouveau message. Alors que l'Evangile biblique cherche principalement à enseigner aux hommes à adorer Dieu, l'objectif du message moderne semble, pour sa part, se limiter à promouvoir le mieux-être de l'homme. Le sujet du message de la Bible concerne Dieu et ses rapports avec les hommes. Celui du message contemporain se rapporte à l'homme et à l'aide que Dieu peut lui procurer. Nous avons ici une différence radicale. La perspective et l'accentuation de la prédication «évangélique» ont totalement changé de nos jours.

De ce changement de centre d'intérêt surgit un changement de contenu. Le nouvel évangile est une reformulation du message biblique destinée, pense-t-on, à le rendre plus «utile». C'est ainsi que l'on a cessé de proclamer les thèmes de l'incapacité naturelle de l'homme à croire, de l'élection divine souveraine comme cause ultime du salut, et de la mort de Christ pour ses seules brebis. Ces doctrines ne sont pas «utiles», estime-t-on. Elles ne peuvent que plonger les pécheurs dans le désespoir en leur montrant qu'il n'est pas en leur pouvoir de se sauver. On n'envisage même pas l'idée qu'un tel désespoir puisse s'avérer salutaire, tant il apparaît comme une atteinte insoutenable à l'amour-propre.

Quoiqu'il en soit, ces omissions résultent en la présentation d'un évangile tronqué comme s'il s'agissait de l'Evangile dans son entier. En conséquence, cette demi-vérité se présente en vérité intégrale, et devient par là une véritable non-vérité.

On en appelle aux hommes, comme si chacun pouvait recevoir Christ à volonté. On parle de son œuvre rédemptrice comme si sa mort sur la croix avait seulement rendu possible à l'homme de se sauver soi-même à l'aide de la foi. On parle de l'amour de Dieu comme s'il se limitait à une bienveillance générale à accueillir quiconque déciderait de se tourner et croire. On ne dépeint plus le Père et le Fils comme attirant les pécheurs à eux dans un acte souverain. Ils attendent désormais, dans une impotence passive, que ceux-ci leur ouvrent «la porte de leur cœur».

Il est indéniable qu'il s'agit de la prédication «évangélique» actuelle, et c'est peut-être aussi la foi de beaucoup. Il est donc urgent et nécessaire d'affirmer que cet ensemble de demi-vérités est une entité différente de l'Evangile biblique. La proclamation de telles vérités gauchies s'inscrit en opposition avec la Bible. Qu'une telle prédication soit presque devenue la norme en matière de pratique montre l'urgence et l'importance d'un examen de ce sujet. Revenir à l'Evangile authentique et biblique, et aligner notre message et notre vie sur cet étalon, sont peut-être nos deux besoins actuels les plus pressants.

Où il est question des «cinq points» du calvinisme

«Mais, objectera-t-on, vous évoquez plus haut la rédemption limitée aux seules brebis comme étant l'une des caractéristiques de l'Evangile biblique. Il s'agit en fait de l'un des «cinq points» du calvinisme. En préconisant un «retour à l'Evangile», ne plaidez-vous pas plutôt pour que nous devenions tous calvinistes?»

N'éludons pas cette objection, car elle se présente sans nul doute à l'esprit de beaucoup. Elle masque aussi une bonne part de préjugés et d'ignorance. Comme si le cœur de l'Evangile se limitait à «défendre l'expiation définie» pour un calviniste! Comme s'il n'avait d'ambition plus élevée que de recruter pour son propre parti! Devenir calviniste n'est pas par ailleurs l'ultime expression d'une perversion théologique sans aucun rapport avec l'Evangile.

Mais, avant de répondre directement à cette objection, cherchons à ôter les préjugés sur lesquels elle se fonde. Pour cela, j'aimerais clarifier quelle est la vraie nature du calvinisme en prenant note des faits, historiques et théologiques, qui concernent le calvinisme en général et les «cinq points» en particulier.

Observons pour commencer que les «cinq points du calvinisme», comme on est venu à les appeler, sont tout simplement la réponse qu'apportèrent au 17ème siècle les théologiens et pasteurs européens à une pétition (la *Remonstrance*) rédigée en cinq points par des «semi-pélagiens»[1] qui s'étaient élevés au sein de la mouvance protestante.

La «Remonstrance» ou l'exposé de l'arminianisme

L'histoire en est venue à désigner la théologie de la «Remonstrance» du nom d'arminianisme en raison de son principal promoteur, Jacob Arminius (1560-1609). Cette théologie se fonde sur deux principes philosophiques. Elle affirme pour commencer, que la souveraineté de Dieu n'est pas compatible avec la liberté de l'homme ni, par conséquent, avec sa responsabilité. Puis elle réduit les obligations de celui-ci au champ de ses capacités. Le qualificatif de «semi-pélagianisme» est ainsi pleinement justifié.

De ces principes, l'arminianisme tire deux conclusions. Tout d'abord, puisque la Bible considère la foi comme un acte libre et responsable de l'homme, cette foi ne peut avoir Dieu pour auteur, mais elle s'exerce indépendamment de lui. Puis, comme la Bible considère la foi comme obligatoire pour le salut chez tous ceux qui entendent l'Evangile, la capacité de croire doit être universelle.

L'arminianisme interprète donc l'Ecriture selon les points suivants:

1. L'homme n'est jamais si complètement entaché par la corruption du péché qu'il est incapable de croire à salut l'Evangile quand on le lui présente.

2. L'homme n'est jamais non plus si complètement sous le contrôle de Dieu qu'il lui est impossible de rejeter l'Evangile.

3. La motivation derrière l'élection par Dieu de ceux qui seront sauvés prend sa source dans le fait qu'il a vu d'avance que ces personnes exerceront volontairement la foi.

4. La mort de Christ ne scelle le salut de personne, car elle n'assure le don de la foi pour personne (un tel don n'existant pas). Elle se contente de créer une possibilité de salut pour tout le monde, pour autant que chacun exerce la foi.

5. Les croyants doivent demeurer en état de grâce en se maintenant dans la foi. Ceux qui échouent à ce point, abandonnent et sont finalement perdus.

Le synode de Dordrecht

Un synode fut convoqué en 1618 dans la ville de Dordrecht, aux Pays-Bas, afin que les principales composantes de l'Eglise en Europe examinent cette *Remonstrance* et se prononcent sur sa théologie en rapport à la Bible. Les «cinq points du calvinisme» sont en fait les affirmations dressées par cette réunion en réponse à la *Remonstrance*. Ils découlent d'un principe très différent, à savoir le principe biblique que «le salut vient de l'Eternel» *(Jonas 2:10)*, du début jusqu'à la fin. Cette réponse se résume de la façon suivante:

1. La corruption totale[2] - Dans son état naturel, l'homme déchu est tout aussi incapable de croire l'Evangile qu'il l'est d'obéir aux exigences de la loi de Dieu, en dépit de tous les encouragements externes que l'on peut lui présenter.

2. L'élection inconditionnelle - Un acte libre, sans condition et souverain de Dieu, par lequel il choisit des pécheurs (en tant que tels) pour les racheter par Christ, leur donner la foi et les conduire à la gloire.

3. L'expiation définie - L'œuvre de rédemption de Christ a pour objet et but le salut des élus.

4. La grâce irrésistible - L'œuvre du Saint-Esprit, par laquelle il amène l'homme à la foi, n'échoue jamais, mais elle accomplit infailliblement son objet.

5. La persévérance des saints - La toute-puissance divine garde les vrais croyants dans la foi et sous la grâce jusqu'à leur entrée dans la gloire.

Nous sommes en présence de deux interprétations de l'Evangile biblique, l'une et l'autre cohérentes, mais en indubitable opposition l'une à l'autre. La différence entre les deux ne se limite pas à une accentuation sur tel ou tel aspect, mais elle concerne bien le contenu.

L'interprétation calviniste proclame un Dieu qui sauve, et celle d'Arminius présente un Dieu qui permet à l'homme de se sauver par lui-même. La première présente l'œuvre trinitaire engagée en vue de la restauration d'une humanité perdue. Ces trois grands actes de Dieu, à savoir l'élection par le Père, la rédemption par le Fils, et l'appel par le Saint-Esprit, s'appliquent aux mêmes individus et assurent infailliblement leur salut.

L'autre interprétation confère à chacun de ces actes un objectif différent. Le Fils a ouvert la possibilité de rédemption à l'humanité tout entière, la vocation du Saint-Esprit s'adresse à tous ceux à qui l'Evangile est annoncé, et l'élection du Père concerne les auditeurs qui répondent «oui». Cette interprétation refuse d'accorder à chacune de ces œuvres divines la capacité *d'assurer* le salut de quiconque.

Ainsi, ces deux théologies conçoivent le plan du salut de manière tout à fait différente. Pour l'une, le salut dépend de l'œuvre de Dieu, alors que l'autre s'appuie sur une œuvre de l'homme. L'une inclut la foi dans le don divin du salut, alors que l'autre la conçoit comme la contribution de l'homme à son salut. L'une donne à Dieu toute la gloire pour le salut des croyants, alors que, pour l'autre, Dieu et l'homme se partagent la louange. Le premier aurait, si l'on peut dire, construit le mécanisme du salut, et l'autre, par sa foi, en fait fonctionner la machine.

Il s'agit de différences très importantes, et la grande valeur des «cinq points», en tant que résumé du calvinisme, consiste à bien préciser la nature et l'étendue des divergences entre les deux conceptions.

Le calvinisme interprète le message de la Bible

Il n'est pas exact de limiter le calvinisme aux «cinq points». Il est bien plus large et étendu que cette simple définition, et je me propose pour montrer cela clairement d'utiliser cinq points de ma propre fabrication.

1. Le calvinisme présente une conception englobante du monde qui découle d'une notion claire de la souveraineté de Dieu sur la totalité

de sa création. Il s'agit d'une démarche logique et conséquente pour reconnaître le Créateur comme le Seigneur qui conduit toutes choses selon le conseil de sa volonté souveraine. Le calvinisme est une conception de la vie qui place celle-ci dans une entière dépendance au contrôle et à la direction de la Parole même de Dieu.

En d'autres termes, c'est une théologie de la Bible construite dans une perspective biblique, Dieu étant la source, l'instrument et le but de tout ce qui existe, que ce soit dans l'ordre de la nature ou de la grâce. Le calvinisme est donc, tout à la fois et sous une forme la plus pure et développée, un théisme (la croyance que Dieu est le fondement de tout), une religion (la dépendance vis-à-vis de Dieu qui donne toutes choses), et un mouvement «évangélique» (la confiance en Dieu, par Jésus-Christ, pour tout).

C'est également une philosophie unifiée de l'histoire, qui inclut tous les principes en vigueur dans la création de Dieu et tous les événements qui s'y produisent dans le plan pré-ordonné par Dieu pour ses créatures et pour son Eglise. Les «cinq points» se contentent d'affirmer la souveraineté de Dieu dans le salut de l'individu,. Le calvinisme concerne, quant à lui, la reconnaissance beaucoup plus étendue de sa souveraineté en tous les domaines.

2. A la différence des «cinq points», qui présentent la doctrine du salut dans un contexte polémique, le calvinisme est didactique, pastoral et constructif dans son essence. Il se définit dans les termes de l'Ecriture, sans avoir à se positionner par rapport à l'arminianisme pour exister. Il n'a aucun intérêt à s'exprimer sur le mode négatif en tant que tel. S'il lui faut se battre, c'est afin de défendre des valeurs «évangéliques» positives.

Le moule négatif des «cinq points» est source de malentendus, notamment pour ce qui concerne le troisième point (l'expiation définie, ou rédemption particulière). On place souvent l'accent sur l'adjectif, ce qui laisse à penser que les calvinistes ont un intérêt à placer des limites à la miséricorde divine. En fait, cette terminologie cherche à sauvegarder l'affirmation centrale de l'Evangile, à savoir, que Christ est un Rédempteur qui rachète vraiment.

De même, le rejet d'une élection conditionnelle et d'une grâce à laquelle on peut résister correspond au désir de préserver la vérité positive que le salut vient de Dieu. Les seules propositions vraiment négatives sont celles formulées par l'arminianisme, lorsqu'il refuse de reconnaître que l'élection, la rédemption et la vocation sont des actes du Dieu Sauveur. Le calvinisme «nie» ces négations afin de proclamer le contenu positif de l'Evangile dans le but positif de fortifier la foi et d'édifier l'Eglise.

3. L'exposé en cinq points de la doctrine calviniste du salut (ce n'était qu'une réponse aux propositions arminiennes) tend à obscurcir la structure cohérente de la pensée calviniste sur ce sujet. Bien que présentées de façon séparée, ces cinq propositions sont en fait indissociables. Elles se soutiennent mutuellement, et il est impossible d'en rejeter une sans rejeter les autres (le synode parlait de la «chaîne d'or de notre salut»). Pour ce qui concerne le calvinisme, il n'existe qu'*un seul* point dans le domaine du salut: *Dieu sauve des pécheurs*.

- *Dieu*, l'Eternel «trois», Père, Fils et Saint-Esprit, trois personnes agissant de concert dans une sagesse, une puissance et un amour souverains en vue du salut d'un peuple élu. L'élection par le Père, l'accomplissement par le Fils de la volonté du Père par la rédemption, et l'exécution par l'Esprit du dessein du Père et du Fils par la régénération.

- *Sauve,* Dieu réalise, du début à la fin, tout ce qui est nécessaire pour amener le pécheur de la mort du péché à la vie dans la gloire: il conçoit, exécute et applique la rédemption; il appelle et préserve, justifie, sanctifie et glorifie.

- *Des pécheurs,* c'est-à-dire, des hommes tels que Dieu les trouve, coupables, pollués, impuissants, aveugles, absolument incapables d'obéir à Dieu ou d'améliorer leur situation spirituelle.

- *Dieu sauve des pécheurs.* N'atténuons pas la force de cette affirmation en rompant l'unité de l'œuvre de la Trinité, ou en partageant la réalisation du salut entre Dieu et l'homme. Il est illégitime de faire du rôle de l'homme la partie décisive du salut, ou de mettre un bémol à l'incapacité du pécheur afin de lui permettre de partager la gloire du salut avec son Sauveur.

Le seul aspect de la doctrine calviniste du salut que «les cinq points» s'efforcent d'exprimer (et que l'arminianisme sous toutes ses formes rejette) se formule ainsi: L'homme pécheur ne contribue en aucun sens à son propre salut. Celui-ci, du début jusquà la fin et dans sa totalité, est venu, vient et viendra du Seigneur, à qui soit la gloire pour toujours.

4. La formulation des «cinq points» masque la profondeur de la différence qui existe entre les deux doctrines du salut. Beaucoup se laissent induire en erreur sur ce point. L'accent placé sur les adjectifs (inconditionnelle, définie, irrésistible) conduit naturellement à penser que, dans le domaine des trois grands actes divins, le désaccord ne porte que sur les adjectifs.

Il semble ainsi y avoir accord quant à la nature de l'élection, de la rédemption et de l'implantation de la grâce chez l'homme, alors que les divergences se limitent à la position de l'homme en rapport à ces actes. La foi, vue d'avance ou non, conditionne-t-elle l'élection? La rédemption a-t-elle pour objet le salut de tout homme ou non? L'implantation de la grâce s'avère-t-elle toujours invicible ou non?

Or, la méprise est complète ici, car le changement de l'adjectif modifie le sens du substantif. Une élection conditionnelle, une rédemption universelle (même hypothétique), et une œuvre de l'Esprit à laquelle on peut s'opposer avec succès, sont entièrement différentes des réalités présentées par le calvinisme

Le vrai problème ne se centre pas sur la justesse des adjectifs, mais sur la définition des substantifs. Il est important de voir cela avec clarté, sinon, notre examen des différences s'avère futile. Plaçons donc ces définitions côte à côte afin de les comparer.

La notion du salut en question

1. L'élection

L'arminianisme définit l'acte divin d'élection comme la décision par Dieu d'accueillir comme fils et de recevoir dans la gloire une catégorie de personnes dûment qualifiées, les croyants en Christ. En d'autres termes, Dieu choisit ces individus en vertu d'une prescience qui lui permet de savoir d'avance qu'ils décideront de croire par leur propre volonté. Aucun élément dans le décret d'élection n'assure qu'il y aura des croyants. Dieu ne détermine pas que l'homme croira.

Le calvinisme, à l'inverse, définit l'élection comme le choix fait par Dieu de personnes particulières, indignes du salut, afin de les sauver de leur péché et de les conduire à la gloire. A cette fin, il décide de les racheter par la mort de Christ et de leur donner la foi par un appel efficace du Saint-Esprit.

L'arminien dit: «Je dois mon élection à ma foi», alors que le calviniste affirme: «Je dois ma foi à mon élection.» Ces deux conceptions sont, à l'évidence, fort éloignées l'une de l'autre.

2. La rédemption

L'arminianisme définit l'œuvre de rédemption effectuée par Christ comme le déplacement d'un obstacle (les exigences insatisfaites de la justice) qui empêche à Dieu d'offrir, selon son désir, son pardon aux pécheurs, si du moins ces derniers croient. La rédemption donnerait à Dieu le droit d'offrir le salut mais, en elle-même, elle ne garantit pas que quiconque l'accepte. La foi étant en effet une œuvre propre à l'homme, elle n'est pas un don qui lui vient de Golgotha. La mort de Christ crée, pour la foi qui sauve, une occasion de s'exercer, sans plus.

Le calvinisme, quant à lui, définit cette rédemption comme l'acte même par lequel Christ endura, effectivement et de manière substitutive, les conséquences du péché à la place d'un nombre bien déterminé de pécheurs spécifiques. Au travers de cet acte, Dieu se réconcilie avec ces individus, détruisant pour l'éternité leur culpabilité et leur assurant un droit à la vie éternelle.

En conséquence, aux yeux de Dieu, ces pécheurs pardonnés ont désormais droit au don de la foi, qui est l'instrument de leur entrée en possession de l'héritage. La croix ne rend pas simplemnt possible le salut de ceux pour qui Christ est mort, elle leur assure aussi l'accession à la foi et l'accomplissement effectif de leur salut. La croix *sauve*.

Là où l'arminien dit: «Je n'aurais pas pu acquérir mon salut sans Golgotha», le calviniste réplique: «Christ a acquis mon salut à la croix.» Pour le premier, la croix est la condition *sine que non* du salut; pour le second, elle est la cause effective qui le procure. La grande transaction que le Père et le Fils concrétisèrent au Calvaire est pour lui la source de toutes les bénédictions spirituelles que l'homme reçoit, au nombre desquelles se trouve le don de la foi. Ces deux conceptions sont, à l'évidence, très opposées l'une à l'autre.

3. L'implantation de la grâce chez l'homme

L'arminianisme définit le don de la grâce fait à l'homme par le Saint-Esprit comme «une action sur la conscience», le simple octroi d'une compréhension de la vérité de Dieu. Cela, reconnaît-il (insiste-t-il en fait), n'assure pas en soi-même qu'un seul individu répondra jamais par la foi.

Le calvinisme, en contraste, ne voit pas ce don simplement comme une illumination, mais il le définit comme étant l'œuvre de régénération que Dieu opère en l'homme. Par cette œuvre, «il ôte leur cœur de pierre et leur donne un cœur de chair; il renouvelle leur volonté et, par sa toute-puissance, les oriente vers ce qui est bien; il les attire efficacement à Jésus-Christ; et cependant, *Dieu produisant leur vouloir par sa grâce*, c'est très librement que les élus vont à lui.»[3] Cette grâce est bien irrésistible puisqu'elle anéantit toute tendance à lui résister.

L'arminien se contente de dire: «Je me suis décidé pour Christ», ou: «J'ai résolu de devenir chrétien.» Le calviniste préfère parler de sa conversion en mettant plus en évidence quel en est réellement l'auteur.

Il reprend l'esprit de ce cantique renommé de Reuben Saillens:

«Tous les travaux de mes mains
Pour te plaire seraient vains,
Lors même qu'en ma détresse
Mes pleurs couleraient sans cesse,
Ils ne sauraient me laver:
Toi seul peux et veux sauver!»

Les deux conceptions de l'implantation de la grâce chez le chrétien se dressent vivement en opposition l'une à l'autre.

4. Le foyer de la controverse

Le calviniste soutient qu'en voyant l'élection, la rédemption et l'appel comme étant des actes divins qui ne sauvent pas d'eux-mêmes, la notion arminienne détruit le cœur de leur sens biblique. L'arminien affirme que Dieu élit les croyants, que Christ est mort pour tous les hommes, et que l'Esprit-Saint vivifie ceux qui accueillent la Parole. Cela revient à dire que Dieu n'élit personne, que Christ n'est mort pour personne, et que l'Esprit ne vivifie personne. Le débat porte donc sur le sens qu'il faut donner à ces termes bibliques. Cela concerne aussi l'amour de Dieu, l'alliance de grâce, et le verbe «sauver» lui-même (avec ses synonymes). L'arminien les interprète tous dans la perspective que le salut ne dépend pas directement de quelque décret ou acte de Dieu, mais d'un acte de foi dont l'homme prendrait l'initiative.

La calviniste considère cette conception comme non biblique. Il lui est évident qu'elle tord le sens de l'Ecriture et mine la pratique de tous les aspects de l'Evangile. Tel est, ni plus, ni moins, le point central de la controverse.

Origine et nature des diverses conceptions

La formulation des «cinq points» présente une cinquième déficience. Sa forme même (un catalogue de rejets des assertions arminiennes) donne l'impression que le calvinisme est un aménagement de l'arminianisme. Celui-ci semble revêtir une certaine primauté naturelle, et l'autre apparaît, à son égard, comme un rejeton. Même après que l'on démontre l'inexactitude historique de cette vue, la suspicion demeure dans l'esprit de beaucoup qu'il s'agit ici de la vraie relation entre les deux conceptions.

On suppose fréquemment que l'arminianisme (très proche du nouveau message de notre génération) résulte d'une lecture «naturelle», objective et simple des Ecritures. En revanche, le calvinisme apparaît comme un produit artificiel, moins tiré des textes bibliques eux-mêmes que résultant d'un travail intellectuel profane sur ces textes, pour en tordre le vrai sens et l'équilibre, afin de les faire entrer dans un système qui leur est étranger. Même si cela a pu être vrai de certains calvinistes, rien n'est plus éloigné de la vérité que cette généralisation à l'encontre du calvinisme.

L'arminianisme est certainement «naturel», dans le sens où il présente une perversion caractéristique de l'enseignement biblique par l'esprit déchu de l'homme. Même pour son salut, celui-ci est incapable de renoncer à l'illusion d'être maître de son destin. Cette déviation apparut d'abord avec le pélagianisme et semi-pélagianisme des périodes patristique et scolastique. Elle resurgit au 17ème siècle dans la théologie catholique romaine et, chez les protestants, dans les divers types de libéralisme rationaliste et d'enseignement évangélique moderne. Et cette déviation continuera d'exister. Aussi longtemps que l'esprit de l'homme déchu est ce qu'il est, l'arminianisme représente un type d'erreur qui correspond bien à sa nature.

Mais, en un autre sens, cette conception n'est pas naturelle. C'est plutôt le calvinisme qui comprend l'Ecriture dans son sens naturel (et inéluctable aurait-on pu penser) en exposant ce qu'elle dit effectivement. Il insiste à prendre au sérieux les affirmations bibliques selon lesquelles Dieu sauvepar pure grâce, et sauve ceux qu'il a choisi de sauver sans exiger aucune œuvre dont ceux-ci pourraient se vanter. Christ est un Sauveur parfait, et la totalité du salut des élus provient de la croix, sur laquelle leur rédemption a été achevée entièrement. Le calvinisme accorde à la croix de Christ l'honneur qui lui est dû.

Le plan divin de salut accompli par la mort du Fils n'est pas un simple vœu dont la réalisation dépend du bon vouloir de l'homme à croire. Autrement, Christ aurait pu mourir sans que personne ne soit sauvé. Le calvinisme insiste à dire que la croix révèle la puissance salvatrice de Dieu, et non son impuissance.

Christ n'a pas acquis un hypothétique salut pour d'hypothétiques croyants, une simple et éventuelle possibilité pour quiconque de croire. Il a au contraire obtenu un salut effectif pour son peuple élu. Son sang précieux sauve réellement, et les résultats prévus de son oblation suivront assurément, tout simplement parce que la croix était ce qu'elle était. Sa puissance salvatrice ne doit rien à une addition de foi, mais elle est telle que la foi en découle. La croix obtint le plein salut de tous ceux pour qui Christ mourut. «Loin de moi la pensée de me glorifier d'autre chose que de la croix de notre Seigneur Jésus-Christ» *(Gal 6:14)*.

Ainsi, la vraie nature de la doctrine calviniste du salut devient évidente. Il ne s'agit ni d'une bizarrerie artificielle, ni du fruit d'une logique impudente. Le cœur de cette doctrine, à savoir, le fait que *Dieu sauve des pécheurs,* et que *Christ nous rachète par son sang,* est le témoignage de la Bible et celui du cœur croyant.

Le calviniste est un chrétien qui, devant les hommes, confesse dans sa théologie ce qu'il croit dans son cœur lorsqu'il prie devant Dieu. Il pense et parle sans cesse de la grâce souveraine de Dieu, précisément de la manière dont le fait tout chrétien lorsqu'il implore Dieu de sauver ses prochains, ou lorsqu'il obéit aux élans d'adoration qui s'élèvent spontanément en son cœur, le poussant à rejeter toute louange pour son salut et à donner toute la gloire à son Sauveur.

Le calvinisme est la théologie qui s'inscrit de façon naturelle sur le cœur de l'homme régénéré en Christ. L'arminianisme, au contraire, est un péché intellectuel d'infirmité, uniquement naturel dans le sens où le sont de tels péchés, même pour des hommes régénérés.

La pensée calviniste est celle du chrétien intègre dans son intelligence, alors que la pensée arminienne est celle du chrétien qui laisse la faiblesse de la chair lui dicter sa nature.

Le calvinisme a toujours été la foi et le message de l'Eglise chrétienne lorsque celle-ci n'a pas permis aux controverses et fausses traditions de l'éloigner de la réalité de l'enseignement biblique. C'est ici l'importance du témoignage que les écrits des Pères de l'Eglise apportent aux «cinq points», et que l'on peut citer en abondance.

C'est pourquoi il est trompeur de qualifier cette doctrine du salut de «calvinisme», car elle n'est le fait ni de Jean Calvin, ni du synode de Dordrecht, mais elle fait partie de la vérité révélée de Dieu et de la foi de l'Eglise universelle. Le terme «calvinisme» est l'un de ces termes négatifs qui, au fil des siècles, a vu les préjugés s'élever contre la vérité. Il s'agit en réalité simplement de l'Evangile biblique.

Qu'est-ce que l'Evangile?

A la lumière de tout cela, répondons directement à la question d'origine: Le «retour à l'Evangile» préconisé n'est-il pas simplement une défense de la rédemption limitée aux seules brebis, l'un des «cinq points» du calvinisme?

Non, pas *simplement;*cela va beaucoup plus loin. En fait, ma démarche n'est pas défensive à strictement parler, mais plutôt constructive. J'entame une réflexion biblique et théologique, dont le but vise à montrer avec clarté quel est effectivement l'enseignement de l'Ecriture quant au sujet central de l'Evangile, à savoir, l'œuvre du Sauveur. La question réelle est celle-ci: Qu'est-ce que l'Evangile?

Tout chrétien répondra qu'il s'agit de la proclamation de Christ comme Rédempteur, mais une dispute s'élève quant à la nature et l'étendue de son œuvre rédemptrice. Que dit l'Ecriture? Quels but et accomplissement attribue-t-elle à l'œuvre de Christ? Procédons à un examen systématique de l'enseignement biblique sur le sujet.

La question de l'étendue de la rédemption implique aussi celle de sa nature. En effet, si Christ est offert pour le salut de certains qui finiront dans la perdition, il n'a pas pu accomplir une transaction qui scelle le salut de ceux pour qui elle était prévue. Pourtant, la Bible nous présente précisément la rédemption comme une telle transaction.

Selon l'Ecriture, la mort du Rédempteur sauve réellement son peuple, selon le dessein de Dieu. Il s'agit d'une œuvre efficace, ce qui lui interdit d'avoir eu pour but de sauver un seul de ceux qui finissent dans la perdition. Au contraire, s'il lui avait été prévu un champ d'application universel, alors, *soit* tous les hommes seront sauvés (ce que l'Ecriture nie, et ce que les défenseurs d'une «rançon générale» n'affirment pas), *soit* le Père et le Fils ont misérablement échoué dans leur entreprise. Cette pensée est une injure blasphématoire à la sagesse, la puissance et la perfection de Dieu, ainsi que dérogatoire pour la valeur de la mort de Christ.

Loin d'exalter l'amour et la grâce de Dieu, la revendication selon laquelle Christ serait mort pour tous, même pour ceux qui périront finalement, porte le déshonneur sur Dieu et sur ses attributs. Elle réduit cet amour divin à un vœu impotent, et transforme toute l'économie de la grâce «salvatrice» (un euphémisme dans ce cas) en un monumental échec divin. De même, loin d'élever la valeur et le mérite de la mort de Christ, elle les galvaude en le faisant mourir en vain.

Enfin, loin d'offrir un encouragement supplémentaire à la foi, elle détruit complètement la base biblique d'assurance. La connaissance du fait que Christ soit mort pour moi ne suffit pas pour en déduire mon salut éternel. Selon ce point de vue, mon salut ne dépend pas de ce que Christ fit pour moi, mais de ce que j'accomplis par la suite. Cette conception dépouille l'amour de Dieu et la rédemption de Christ de la gloire dont les revêt l'Ecriture.

Elle introduit le principe non biblique du salut par soi-même au point précis où la Bible dit explicitement: «Ce n'est point par les œuvres, afin que personne ne se glorifie» *(Eph 2:9)*. Le compromis est impossible. Une expiation ouverte à tous les hommes n'a point de valeur. Elle a perdu sa puissance de salut et nous abandonne à nos propres ressources. Il convient donc de répudier une telle doctrine comme étant une erreur grave.

Au contraire, la doctrine calviniste du salut s'accorde avec la Bible et honore Dieu. Elle exalte Christ, car elle enseigne aux chrétiens à se glorifier seulement en sa croix et de retirer leur espérance et leur assurance de sa mort et de son intercession seules. Elle est, en d'autres termes, véritablement «évangélique», le vrai Evangile de Dieu, la foi donnée aux saints une fois pour toutes.

Le glissement

Passons maintenant à la suite de l'objection: «En préconisant votre «retour à l'Evangile», ne cherchez-vous pas à ce que nous devenions tous calvinistes?» Je suppose que la question ne se centre pas sur le terme, mais sur la réalité qu'il décrit. Le nom importe peu, mais il faut en revanche comprendre l'Evangile d'une manière biblique. Cela signifie, je crois, que nous le comprenions de la manière dont le calvinisme historique l'a présenté. L'alternative conduit à le tordre et à se méprendre sur son sens.

Nous avons remarqué en commençant, que le «monde évangélique» a, pour une bonne part, cessé de proclamer l'Evangile comme il l'avait été autrefois. Le nouveau message, dans la mesure où il s'écarte de l'ancien, me semble être une distortion du message biblique. Il est maintenant possible de discerner ce qui a périclité. Notre «devise» théologique a perdu sa valeur, et nous nous sommes mis à penser à l'œuvre accomplie sur la croix comme n'étant pas tout à fait une rédemption.

Nous avons commencé à voir Christ comme n'accomplissant pas tout à fait le salut, et l'amour de Dieu comme une sorte d'affection molle, incapable de sauver par soi-même quelqu'un de l'enfer. Et nous avons regardé la foi comme une aide que l'homme apporte à Dieu pour l'accomplissement de son plan de salut. Cette évolution fâcheuse a pour résultat de nous empêcher de croire ou de proclamer l'Evangile biblique.

Nous ne croyons plus cet Evangile, car nos pensées se sont laissées prendre aux rêts du synergisme.[4] L'idée arminienne nous harcèle, selon laquelle la foi et l'incrédulité étant des actes qui relèvent de la responsabilité de chacun, elles doivent être indépendantes. En conséquence, nous n'avons plus la possibilité de croire que le salut provient entièrement de la seule grâce de Dieu, au moyen d'une foi qui est elle-même un don divin s'écoulant du Calvaire.

Au lieu de cela, nous nous empêtrons dans une sorte de double pensée embrouillée en rapport au salut. Parfois, nous nous disons que tout dépend de Dieu, puis, à d'autres moments, que le salut dépend de nous. La confusion résultante prive Dieu d'une bonne part de la gloire que nous lui devons en tant qu'auteur et architecte de notre salut.

Nous nous dépouillons aussi d'une grande part du réconfort issu de l'assurance que Dieu est pour nous.

Ainsi, quand nous en venons à prêcher l'Evangile, cette préconception erronée du salut nous fait dire exactement le contraire de ce que l'on voudrait. Nous voulons (à juste titre) proclamer que Christ est Sauveur, mais nous finissons par dire qu'ayant rendu le salut possible, il laisse aux hommes le soin de devenir leurs propres sauveurs.

Cela se passe de cette manière. Afin d'exalter la grâce salutaire de Dieu et la puissance salvatrice de Christ, nous déclarons que l'amour rédempteur de Dieu s'adresse à tous les hommes et que Christ est mort pour sauver chacun d'eux. Nous pensons que ces faits donnent la juste mesure de la gloire qui se lie à la miséricorde divine.

Puis, afin d'éviter de tomber dans l'universalisme[5], il devient nécessaire de déprécier tout ce que nous venons d'élever en expliquant que l'œuvre accomplie par Dieu et Christ ne sauve pas à moins d'être complétée par un élément provenant de l'homme. Ainsi, notre propre acte de croire constitue l'élément décisif qui scelle effectivement le salut.

En d'autres termes, Christ nous sauve grâce à notre aide, ce qui revient à dire, si nous y réfléchissons, que nous nous sauvons avec l'aide du Christ. C'est là une profonde désillusion mais, si nous affirmons que l'amour de Dieu et la mort de Christ ont un effet salvateur qui s'étend à tous les hommes, tout en refusant l'universalisme, il nous est impossible d'éviter cette conclusion.

Regardons avec lucidité le résultat de cette évolution intervenue dans notre message. La grâce et la croix ne sont pas exaltées, mais plutôt dévaluées. L'expiation s'en trouve en conséquence bien plus réduite que dans l'optique calviniste. Cette dernière, en effet, affirme que la mort de Christ, en tant que telle, sauve tous ceux qu'elle devait sauver. Le message moderne déclare en revanche qu'en tant que telle, cette mort ne suffit pour le salut de personne.

Nous avons bercé les pécheurs impénitents de l'espoir qu'ils ont le pouvoir de se repentir et de croire, bien que Dieu ne puisse les y amener. Nous avons aussi peut-être banalisé la repentance et la foi afin de rendre cette assurance plausible («c'est très simple: il vous suffit d'ouvrir votre cœur au Seigneur... »). Nous avons certainement vidé la souveraineté de Dieu de sa réalité, et ébranlé la conviction de base de la vraie religion, à savoir, que l'homme se trouve continuellement à la merci de Dieu.

En vérité, le déficit est énorme. Inutile de nous demander pourquoi une telle prédication suscite si peu de respect et d'humilité. N'est-ce pas là la raison pour laquelle ceux qui professent la conversion sous ce ministère possèdent tant de confiance en eux-mêmes, une telle inconscience quant à leur propre état, et une déficience si chronique pour les œuvres bonnes que l'Ecriture considère comme les fruits de la vraie repentance?

La prédication du message biblique

Le message de la Bible libère de ce type de prédication et de cette foi dégénérée. Il montre à la fois comment croire l'Evangile scripturaire et comment le proclamer.

En ce qui concerne la vraie foi, il convient de s'incliner devant la souveraineté de ce Sauveur, qui sauve vraiment. Il faut le louer pour sa mort rédemptrice. Elle procure l'assurance infaillible que tous ceux pour qui elle a eu lieu parviendront dans la gloire.

Il est important de souligner que l'on ne perçoit pas tout le sens de la croix, avant de la regarder comme le firent les participants du synode de Dordrecht. Elle se situe au cœur de l'Evangile, encadrée d'un côté par la totale incapacité de l'homme à se sauver et par l'élection inconditionnelle, et, de l'autre, par la grâce irrésistible et la persévérance assurée des élus. La pleine signification de la croix apparaît seulement lorsque l'on expose l'expiation dans la perspective de ces quatre vérités.

Christ est mort pour sauver un peuple défini de pécheurs misérables et impotents, auxquels Dieu accorde un amour salvateur et inconditionnel. La mort de Christ procure l'assurance de l'appel et de la préservation (les dimensions actuelle et finale du salut) de tous ceux dont il a porté les péchés à la croix.

Telle a été, et telle demeure, la signification de Golgotha: la croix *a sauvé*, et elle *continue de sauver*. C'est ici le cœur de la vraie foi évangélique, la conviction triomphale qui sous-tend l'Evangile historique et imprègne la totalité du Nouveau Testament.

En second lieu, le message de la Bible nous libère, si nous voulons bien l'écouter, afin de proclamer fidèlement l'Evangile. Une telle affirmation paraît paradoxale, car l'on s'imagine souvent que, si nous ne prêchons pas une mort de Christ qui permet à tous les hommes d'être sauvés, nous n'avons plus d'Evangile à proclamer. Au contraire, car il nous reste alors la Bonne Nouvelle du Nouveau Testament!

En effet, que signifie «prêcher l'Evangile de la grâce de Dieu»? Ce n'est pas déclarer à un auditoire que Dieu accorde son amour à chacun des membres présents, et que Christ est mort pour chacun d'eux. Selon la Bible, de telles affirmations impliquent le salut infaillible de tous, ce qui est impossible à dire en vérité. Se savoir l'objet de l'amour éternel de Dieu et de la mort rédemptrice de Christ de situe dans le domaine de l'assurance individuelle du salut.

Cette assurance, par la nature des choses, ne peut précéder l'exercice salvateur de la foi. Cette connaissance vient du fait que l'on croit, et nous ne pouvons pas la présenter comme une raison pour laquelle il faut croire.

Selon l'Ecriture, la prédication de l'Evangile consiste uniquement à proclamer quatre faits aux hommes, comme étant la vérité venant de Dieu, qu'ils ont pour devoir de recevoir et auxquels il leur faut répondre:

1. Tous les hommes sont pécheurs et entièrement incapables de se sauver eux-mêmes.

2. Jésus-Christ, le Fils de Dieu, est un Sauveur parfait pour les pécheurs, même pour les pires.

3. Le Père et le Fils ont promis que tous ceux qui se reconnaissent pécheurs et croient en Christ comme Sauveur seront accueillis, et qu'aucun ne sera rejeté. Cette promesse est certaine et se fonde sur la perfection surabondante en soi-même du sacrifice de Christ pour quiconque (peu ou beaucoup) en est l'objet.

4. Dieu fait un devoir de la foi et de la repentance, et il requiert de tout homme qui entend l'Evangile une pleine et réelle soumission et une dépendance vis-à-vis de Christ. Selon les promesses de l'Evangile, celui-ci est un Sauveur au sens plein du terme, capable de délivrer et de sauver parfaitement tous ceux qui viennent à Dieu par lui. Christ est prêt, capable et disposé, en vertu de son sang précieux et à cause de la perfection de la rançon qu'il a payée, de sauver toute âme qui se remet librement à lui dans ce but.

La tâche du prédicateur consiste donc à *exposer Christ*, à expliquer le besoin que l'homme a de lui, sa parfaite capacité à sauver, l'offre qu'il a faite de lui-même en promettant d'être le Sauveur de tous ceux qui se tournent vraiment vers lui. Le prédicateur a pour rôle de montrer, aussi clairement et complètement que possible, comment ces vérités s'appliquent à son auditoire. Il ne lui appartient pas de dire (ni à ses auditeurs de se demander) pour qui Christ est mort en particulier.

Jamais l'Evangile ne demande à quiconque de s'enquérir du dessein et de l'intention de Dieu à l'égard des objets particuliers de la mort de Christ. Chacun est au contraire pleinement assuré qu'elle est profitable à tous ceux qui croient en lui et lui obéissent. Une fois que sa foi s'est exercée à salut, mais pas avant, le croyant doit assurer son âme. Il le fait dans la mesure où il voit les fruits de cette mort en lui et en ce qui lui arrive, en reconnaissant la bienveillance et l'amour éternels de Dieu à son égard dans l'envoi de son Fils pour mourir à sa place en particulier. L'Evangile l'appelle seulement à croire, ce que l'ordre et les promesses de Dieu lui permettent et l'obligent à faire.

Quelques remarques

1. L'Evangile historique vaut mieux que le message moderne

Il convient de noter que l'ancien message comporte une offre du salut tout aussi pleine et entière que sa contrepartie moderne. Il présente une base suffisante pour la foi (la perfection du sacrifice de Christ et la promesse de Dieu) et des mobiles convaincants pour son exercice (le besoin qu'en a le pécheur et l'ordre du Créateur, qui est aussi l'invitation du Rédempteur).

Le nouveau message ne gagne rien à ce stade en affirmant que Christ est mort pour tous les hommes. L'Evangile n'a certainement aucune place pour un sentimentalisme au rabais, qui transforme la libre grâce de Dieu à l'égard des pécheurs en une bénévolence innée qui leur est acquise. Il n'admet pas non plus l'image dégradée d'un Sauveur bafoué, aux intentions contrées par l'incrédulité de l'homme.

En outre, ce message ne se prête pas à ces appels pathétiques qui invitent les incroyants à ne pas décevoir Christ mais à le laisser les sauver. Le message de la Bible ne connaît rien de ce sauveur pitoyable et du dieu pathétique qui habitent tant de prédications actuelles.

L'Evangile déclare aux hommes leur besoin de Dieu, et non l'inverse, comme le fait le mensonge moderne! Il ne les implore pas à prendre Christ en pitié, mais leur annonce que ce dernier a eu pitié des hommes, bien qu'ils soient loin de le mériter. Il ne perd jamais de vue la majesté divine et la puissance souveraine du Christ qu'il proclame, et il rejette catégoriquement toute présentation qui obscurcit sa libre omnipotence.

Mais, cela signifie-t-il que les prédicateurs de cette interprétation de l'Evangile sont gênés et limités dans leur offre de Christ aux hommes et dans l'invitation qu'ils leur adressent à le recevoir? Pas du tout. En fait, la vérité d'une grâce divine libre et souveraine leur permet d'appuyer cette offre beaucoup plus que ne le peut le représentant de l'arminianisme.

Cette offre est, dans son principe, bien plus merveilleuse que celle pour qui un amour pour tous les pécheurs *doit* faire partie de la nature même de Dieu.

Quelle merveille en effet que le Dieu trois fois saint, dont la joie n'a jamais dépendu des hommes, et qui serait juste de bannir à jamais notre race déchue, ait choisi d'en racheter certains! Quel émerveillement de réaliser que son propre Fils a accepté de subir la mort et de descendre aux enfers pour sauver ces élus! Quelle bénédiction que d'apprendre comment, de son trône de gloire, il s'adresse maintenant aux hommes impies par le message de l'Evangile, leur ordonnant avec l'instance d'une immense compassion de se repentir et de croire, d'avoir pitié d'eux-mêmes et de choisir la vie!

La prédication du message de l'Evangile s'articule autour de ces pensées. Il s'agit d'un message merveilleux, surtout parce qu'il provient d'une grâce absolument libre et souveraine.

Mais, l'aspect le plus merveilleux de tous (le «saint des saints» de ce saint Evangile) réside en la libre invitation que le *Seigneur* Jésus adresse continuellement aux hommes pécheurs et coupables, de venir à lui et de trouver le repos de leur âme. La gloire de ces invitations tient au fait qu'un Roi tout-puissant en est l'auteur. La principale partie de la gloire du Christ exalté consiste aussi en la condescendance dont il fait preuve en les formulant. Et c'est la gloire du ministère de l'Evangile que le prédicateur s'approche des hommes en capacité d'ambassadeur de Christ, chargé de délivrer personnellement l'invitation du Roi à chacun des pécheurs présents, leur ordonnant de se tourner et de vivre.

«Réfléchissez, disait John Owen, à la bienveillance et l'amour infinis dont Christ fait preuve dans les invitations et les appels qu'il vous adresse, à venir à lui pour avoir la vie, la délivrance, la miséricorde, la grâce, la paix et un salut éternel. L'Ecriture en rapporte un grand nombre, et chacun regorge de ces encouragements bénis que la sagesse divine sait appropriés aux pécheurs perdus et convaincus de leurs péchés... Jésus-Christ continue de se présenter à eux dans la proclamation et la déclaration de ces invitations, les appelant, les invitant, les encourageant à venir à lui

«Pourquoi mourriez-vous, s'écrie-t-il, pourquoi vous faut-il périr? N'aurez-vous pas compassion de vos âmes? Vos cœurs tiendront-ils, et vos mains garderont-elles leurs forces au jour de la colère qui approche? Levez les regards vers moi et soyez sauvés! Venez à moi, et je vous soulagerai de tous vos péchés, de vos tristesses, craintes et fardeaux. Je donnerai du repos à vos âmes. Venez, je vous en supplie. Ecartez toute remise au lendemain; ne me rejetez plus, l'éternité est proche. Ne me haïssez pas au point de préférer mourir plutôt que d'accepter mon salut.

«Le Seigneur Jésus-Christ ne cesse de plaider avec les pécheurs et de les exhorter par de telles paroles. Il le fait par la proclamation de la Parole, comme s'il était présent et s'adressait personnellement à chacun. C'est pourquoi il a appelé des prédicateurs de l'Evangile à venir devant vous en son nom pour vous remettre son invitation *(2 Cor 5:19,20).*»

Ces invitations s'adressent à tous les hommes; elles sont *universelles*. Christ les adresse à tous les pécheurs, en tant que tels. Et chaque homme, dans la mesure où il croit que Dieu est véridique, se doit de les regarder comme les paroles mêmes que Dieu lui adresse personnellement. Il se doit aussi d'accepter l'assurance universelle qui les accompagne, selon laquelle Christ accueille tous ceux qui viennent à lui.

Ces invitations sont *véritables*. Christ s'offre sincèrement à tous ceux qui entendent l'Evangile. Il est en vérité un parfait Sauveur pour tous ceux qui mettent leur confiance en lui. La question de la portée de l'expiation ne surgit pas dans la prédication évangélique. Le message à délivrer se limite à ceci: Jésus-Christ, le Seigneur souverain qui mourut pour des pécheurs, les invite maintenant à venir à lui librement.

Dieu ordonne à tous de se repentir et de croire, et Christ promet la vie et la paix à tous ceux qui le font.

De plus, ces invitations sont merveilleusement *gratuites*. Les hommes les méprisent, les rejettent et n'en sont aucunement dignes. Pourtant, Christ continue de les renouveler. Il n'est sous aucune obligation de le faire, mais il le fait. «Venez à moi... et je vous donnerai du repos», demeure sa parole au monde, une parole qu'il n'a jamais annulée et qui reste d'actualité pour ses messagers.

Il nous faut proclamer en tout lieu, comme un Sauveur parfait, celui dont la mort a assuré le salut de tout son peuple. Nous devons inviter et presser tous les hommes à croire en lui, quels qu'ils soient et quoi qu'ils aient été.

L'annonce de l'Evangile biblique se fonde sur ces trois principes, et seule une supposition mal informée pensera qu'une proclamation dans cette perspective doit être anémique et tiède en rapport à celle des arminiens. Il suffit pour s'en persuader de penser à des gens tels que Farel, Bunyan, Whitefield, Malan ou Spurgeon. Ces hommes (et bien d'autres) présentaient le Sauveur et assignaient aux pécheurs de venir à lui avec une plénitude, une chaleur, une intensité et une motivation qui ont fait d'eux des exemples dans l'histoire du Protestantisme.

A l'analyse de leurs messages, on est frappé de voir que leur insistance sur la *souveraineté* et *la gratuité* de la grâce imprégnait précisément leur prédication de cette unique puissance à briser leurs auditoires en une humble joie reconnaissante devant les richesses de la grâce de Dieu. Cette puissance provient aujourd'hui encore, il faut le dire, de la même source, et elle a toujours la force pour toucher les cœurs endurcis de notre époque.

Ces hommes savaient que l'on ne peut pas comprendre l'immensité de l'amour divin avant de saisir que Dieu n'avait aucun besoin de sauver ou d'envoyer son Fils à la mort. Christ n'avait pas non plus besoin de racheter les homme en prenant sur lui leur condamnation. Il n'est pas obligé d'inviter tous les pécheurs sans distinction, comme il le fait. Nous devons voir que tous les actes de la pure grâce de Dieu dépendent entièrement de sa libre volonté souveraine.

Parce qu'ils savaient cela, ces grands prédicateurs du passé l'ont souligné avec force, et cette force place leur annonce de l'Evangile dans une catégorie à part.

D'autres évangélistes, à la théologie de la grâce plus superficielle et moins correcte, ont placé l'accent principal de leur prédication sur le besoin que le pécheur a de pardon, de paix ou de puissance, et sur la manière d'obtenir ces bénédictions en «se décidant pour Christ».

Je ne veux pas nier que leur prédication a eu de bons effets (car Dieu utilise sa vérité même imparfaitement présentée et mélangée à l'erreur). Pourtant, ce type d'évangélisation s'ouvre à la critique de trop se centrer sur l'homme et de revêtir un aspect par trop piétiste. Il est donc revenu aux calvinistes (et à ceux qui entrent dans leur manière de penser dès qu'ils commencent à prêcher aux inconvertis) de souligner avant tout l'amour infini, la miséricorde, la patiente longanimité et la tendresse sans bornes du Seigneur Jésus-Christ. Telle est assurément la manière la plus biblique et édifiante de le faire.

En effet, les invitations évangéliques à l'égard des pécheurs n'honorent Dieu et n'exaltent Christ jamais plus que lorsqu'elles placent l'accent sur la miséricorde toute-puissante et libre dont elles découlent. C'est alors que leur pouvoir pour éveiller et confirmer la foi s'avère le plus grand. Les prédicateurs de l'Evangile biblique sont, en effet, les seuls à faire justice, dans l'offre libre de Christ aux pécheurs, à la révélation de la divine bienveillance.

2. L'Evangile sauvegarde des valeurs qu'a perdues le message moderne

Nous avons vu qu'en accordant une portée universelle à la rédemption et au dessein salvateur de Dieu, le nouveau message conduit à galvauder la grâce et à déprécier la croix. Il rejette de fait la souveraineté du Père et du Fils dans l'œuvre du salut. Après que Dieu fasse tout ce qu'il peut ou veut, il dépend en réalité de la décision personnelle de chaque homme pour que le dessein divin dans le salut de celui-ci se réalise.

Cette conception produit deux résultats fâcheux. Elle nous oblige à nous méprendre sur le sens véritable des invitations emplies de grâce que Christ lance dans l'Evangile. Nous ne les lisons plus comme les expressions de la tendre patience d'un puissant souverain, mais comme les pathétiques supplications d'un désir impotent. De la sorte, le Seigneur exalté se métamorphose en un pauvre hère, faible et médiocre, qui frappe avec tristesse à la porte d'un cœur qu'il est incapable d'ouvrir. Quel déshonneur scandaleux pour le Christ et le Nouveau Testament!

Le deuxième résultat est tout aussi fâcheux. Il consiste à dissoudre notre dépendance vis-à-vis de Dieu là où il faut prendre une décision vitale. La conception moderne nous extrait des mains divines et déclare que nous sommes après tout ce que le péché nous avait déjà appris, à savoir, les maîtres de notre destin. Elle mine du coup la fondation même de la relation religieuse qu'entretient l'homme avec son Créateur. Faut-il s'étonner alors si les personnes converties par cette évangélisation manifestent trop souvent un manque de révérence et de désir vis-à-vis de Dieu, puisqu'il s'agit de la tendance naturelle de cet enseignement?

La Bible, quant à elle, tient un tout autre langage et elle produit une tendance bien différente. D'une part, en exposant le besoin que l'homme a de Christ, elle insiste sur un point que néglige en réalité l'arminianisme, à savoir que, sans un renouvellement de leur cœur, les pécheurs n'ont pas plus la capacité d'obéir à l'appel évangélique que d'obéir à la loi de Dieu. D'autre part, en déclarant le pouvoir que Christ a de sauver, l'Evangile le proclame comme auteur et principal agent de la conversion. Au moyen de l'action du Saint-Esprit, alors que l'Evangile retentit, il renouvelle les cœurs et attire les hommes à lui.

Ainsi, dans l'application du message, il convient de souligner que, bien que l'homme ait le devoir de croire, la foi n'est pas en son pouvoir. Dieu doit aussi lui donner ce qu'il exige de lui. Nous ne devons pas simplement proclamer que l'homme *doit* venir à Christ pour être sauvé, mais aussi que cela lui est *impossible,* à moins que Christ lui-même ne l'attire à lui.

Le message de l'Evangile s'efforce d'anéantir toute confiance que l'homme a en soi-même, afin de convaincre les pécheurs que leur salut est entièrement hors de leurs mains. Une telle conviction les traque jusqu'à un désespoir vis-à-vis d'eux-mêmes, et elle les pousse à dépendre de la merveilleuse grâce d'un Sauveur souverain, non seulement pour leur justification, mais également pour leur foi.

Celui qui proclame ce message ne se satisfait pas d'en exprimer l'application en demandant à ses auditeurs de «se décider pour Christ», selon la formule moderne consacrée. En effet, cette expression offre une fausse image. Elle fait penser à une élection où le candidat ne fait rien d'autre que de se présenter aux suffrages. Tout dépend finalement du choix indépendant de l'électeur.

Or, nous n'élisons pas le Fils de Dieu à la fonction de Sauveur. Lui-même ne reste pas passif pendant que les prédicateurs s'activent en sa faveur, cherchant à susciter quelque soutien pour sa cause.

Par ailleurs, cette expression obscurcit le point essentiel dans la repentance et la foi, à savoir, l'effacement du «moi» dans l'approche personnelle vers Christ. Il n'est pas du tout évident que «se décider *pour* Christ» ait la même signification que «venir *à* lui, se reposer *sur* lui, se *détourner* du péché et *renoncer* aux œuvres méritoires». La nouvelle formulation suggère beaucoup moins, et valorise des notions inexactes quant aux véritables exigences de l'Evangile à l'adresse des pécheurs. Cette expression est défectueuse, quelque soit l'approche que l'on adopte.

A la question: «Que dois-je faire pour être sauvé?», la Bible répond: «Crois au Seigneur Jésus-Christ.» A la question suivante: «Que signifie croire au Seigneur Jésus-Christ?», elle répond: «Se reconnaître pécheur et savoir que Christ est mort pour des pécheurs; abandonner toute justice de soi et confiance en soi, et se remettre totalement à Christ pour recevoir pardon et paix; échanger sa propre nature, opposée et rebelle à l'égard de Dieu, contre un esprit de soumission reconnaissante à la volonté de Christ, grâce au renouvellement du cœur opéré par l'Esprit-Saint.»

Une aure question se pose: «Comment puis-je croire en Christ et me repentir si je n'ai aucune aptitude naturelle pour ces choses?» La Bible répond: «Portez les regards sur Christ, parlez-lui, criez vers lui, tel que vous êtes. Confessez votre péché, votre révolte, votre incrédulité, et remettez-vous à sa miséricorde. Demandez-lui de vous donner un cœur nouveau, et qu'il suscite en vous une repentance vraie et une foi ferme. Priez-le d'ôter votre cœur mauvais et incrédule, et d'écrire sa loi en vous, afin que vous ne vous égariez plus jamais loin de lui. Tournez-vous vers Christ et confiez-vous en lui de votre mieux, et priez qu'il vous donne la grâce de le faire toujours plus complètement.

«Servez-vous des «moyens de la grâce» avec espoir, en attendant de voir Christ s'approcher de vous alors que vous cherchez à vous approcher de lui. Veillez, priez, lisez et écoutez la Parole de Dieu, fréquentez le peuple de Dieu, et continuez en cela jusqu'à ce que vous sachiez en vous-même, au-delà de tout doute, que vous êtes vraiment un être transformé, que vous êtes un croyant repentant et que vous avez reçu le cœur nouveau que vous souhaitiez.» Cette démarche souligne la nécessité d'en appeler à Christ directement et dès la première étape.

«Ne remettez pas votre venue vers Christ à un moment où vous vous sentirez meilleur. Confessez plutôt avec honnêteté votre misère. Confiez-vous, ici et à l'heure même, au Christ qui seul peut vous rendre meilleur. Espérez en lui jusqu'à ce que sa lumière se lève dans votre âme, comme l'Ecriture promet qu'elle le fera.» Toute autre attitude que cette relation directe avec Christ est une désobéissance à l'Evangile. Tel est l'exercice spirituel auquel le message de la Bible appelle ses auditeurs, et leur cri devient: «Je crois, viens au secours de mon incrédulité» *(Marc 9:24)*

Ce message biblique éternel rend témoignage à Christ. Lui-même parle, alors que l'on expose et applique les invitations de l'Ecriture. Et ceux qui proclament un tel message le font dans une confiante assurance que ce Christ n'est pas en train d'attendre passivement que l'homme décide. Au contraire, sa toute-puissance s'exerce, agissant avec et au travers de la Parole prêchée pour amener son peuple à la foi en lui.

On parle souvent de la prédication moderne comme ayant pour objectif «d'amener le hommes à Christ», comme s'ils étaient les seuls à bouger, alors que Christ se contentait d'attendre. La prédication biblique du vrai Evangile consiste plus exactement à amener Christ aux hommes. En effet, ceux qui le proclament savent qu'alors même qu'ils le présentent devant leurs auditeurs, lui, le puissant Sauveur qu'ils annoncent, est à l'œuvre au travers de leurs paroles, touchant des pécheurs à salut, les éveillant à la foi et les attirant à lui dans sa grande miséricorde.

Le message de la Bible, qu'il nous faut prêcher, est l'Evangile de la grâce souveraine de Dieu en Christ, qui est l'auteur de la foi et du salut, et qui les mène à la perfection. Celui qui y a goûté n'ira pas en chercher d'autre. Dans le domaine de la foi et de la proclamation de l'Evangile, comme en tout autre, les paroles de Jérémie gardent toute leur application:

«Ainsi parle l'Eternel: Placez-vous sur les chemins, regardez, et demandez quels sont les anciens sentiers, quelle est la bonne voie; marchez-y, et vous trouverez le repos de vos âmes!» *(6:16)*

Si mes propos vous ont troublé, et s'ils vous poussent à voir que le message qui s'est substitué aujourd'hui à celui de la Bible n'est pas meilleur, je ne me plaindrai pas. Ce peut être une bonne chose, et pour vous-même, et pour l'Eglise. Mes propos cherchent simplement à montrer l'importance qui repose sur nous dans le temps présent de revenir à l'Evangile biblique et de prendre garde à ce que la Bible dit au sujet de l'œuvre salvatrice accomplie par Christ.

Références:

1. Jean Calvin, «… un hérétique, nommé Pélage, s'est élevé avec cette opinion profane, qu'Adam n'avait fait mal qu'à soi en péchant, et n'avait point nui à ses successeurs.» (*Institution Chrétienne* II.1.5).

2. Par «corruption totale», il faut comprendre que toutes les parties de l'être humain sont atteintes par le péché, et non qu'il est totalement incapable du moindre bien.

3. *Confession de Westminster X,* I, éditions Kerygma, 1988 (voir aussi *La confession de foi baptiste de 1689*, p. 35).

4. Synergisme: système d'après lequel l'homme, malgré le péché originel, garde une certaine part dans l'œuvre de son salut *(Larousse).*

5. L'universalisme est la conception selon laquelle tous les hommes seront sauvés, qu'ils aient ou non la foi, la mort rédemptrice de Christ sur la croix assurant le pardon du péché du monde.